Mes petites énigmes

Du CM2 à la 6e

ESCAPE GAME

PRISONNIERS DU TEMPS

Charlotte LEROY-JOUENNE
Professeur de français,
créatrice d'Escape Games

hachette
ÉDUCATION

Plonge au cœur d'une histoire palpitante, intrigante et pleine de rebondissements, et voyage à travers les époques !

Échappe-toi de ce périple qui semble ne jamais finir ! Résous les énigmes une à une et collecte tous les chiffres mystère qui te permettront de t'en sortir et de percer le secret de cette histoire. Prêt(e) à relever le défi ?

Ouvre l'œil et ne laisse passer aucun indice !

Bienvenue dans le jeu !

Conception et réalisation de la couverture : Stéphanie Benoît
Conception graphique : Florence Le Maux
Illustrations (couverture et intérieur) : Sylvain Frécon
Mise en page : Médiamax
Édition : Adeline Pécout

Crédits © Shutterstock :
Escape Game 1 (bandeau) Panptys, Artur. B ; (panneau) Ekaterina Shcheglova (p. 6, 8, 10, 12, 14, 16)
Escape Game 2 (bandeau) Artur. B ; (panneau) Andrey Kuzmin et Picsfive (p. 3, 4, 18, 20, 22, 24, 26, 28, 65, 67)
Escape Game 3 (bandeau) art designer, silm, Designincolor ; (panneau) Roman Zaiets (p. 30, 32, 34, 36, 38, 40) ; (bas) Gosteva (p. 44)
Escape Game 4 (bandeau) SmileStudio ; (panneau) Artram (p. 42, 44, 46, 48, 50, 52)
Escape Game 5 (bandeau) Cattallina, Katsiaryna Pleshakova ; (panneau) Thomas Pajot (p. 54, 56, 58, 60, 62, 64)

I.S.B.N. : 978-2-01-711809-1

www.parascolaire.hachette-education.fr

SOMMAIRE

Prisonniers DU TEMPS

Depuis toujours, tu rêves d'explorer le grenier de ton grand-père. La présence d'un gros cadenas sur la porte t'intrigue...
Ce matin, le cadenas était ouvert ! Vite, tu entres dans le grenier et là, un bien étrange spectacle t'attend...

Tu découvres une imposante machine et, sans réfléchir, tu appuies sur le bouton devant toi. Le grenier se met alors à tourner et tu n'arrives plus à distinguer ce qui t'entoure...

ESCAPE GAME 1

Étrange voyage

ÉNIGME 1

Quand tu ouvres à nouveau les yeux, tu n'es plus dans le grenier ! Que s'est-il passé ? Tu interroges les personnes autour de toi, mais leurs propos te semblent incohérents...

Redonne à chaque personnage la phrase qui lui correspond.

Grâce aux indications des habitants, tu peux découvrir le nom de la ville où tu te trouves.

Reporte dans la grille ci-dessous les adjectifs contenus dans les bulles de la page 6 : le nom de la ville apparaîtra !

F	R	A	I	S							
		T	A	L	E	N	T	U	E	U	X
	C	H	A	U	D	E					
P	R	E	C	I	E	U	S	E			
B	O	N									
	B	E	A	U							
		S	U	P	E	R	B	E			

Indice

Chaque adjectif a un nombre de lettres différent.

Nom de la ville :

A T H E N E S

La position dans l'alphabet de la troisième lettre du nom de la ville où tu te trouves est le chiffre mystère n° 1.

Mon chiffre mystère n° 1

8

ÉNIGME 2

Incroyable : te voilà en Grèce Antique ! La machine du grenier t'aurait-elle fait voyager dans le temps ?
Tout à coup, un jeune garçon t'appelle au bout de la rue : comment connaît-il ton nom ? La curiosité te pousse à le rejoindre...

Trouve le bon chemin.

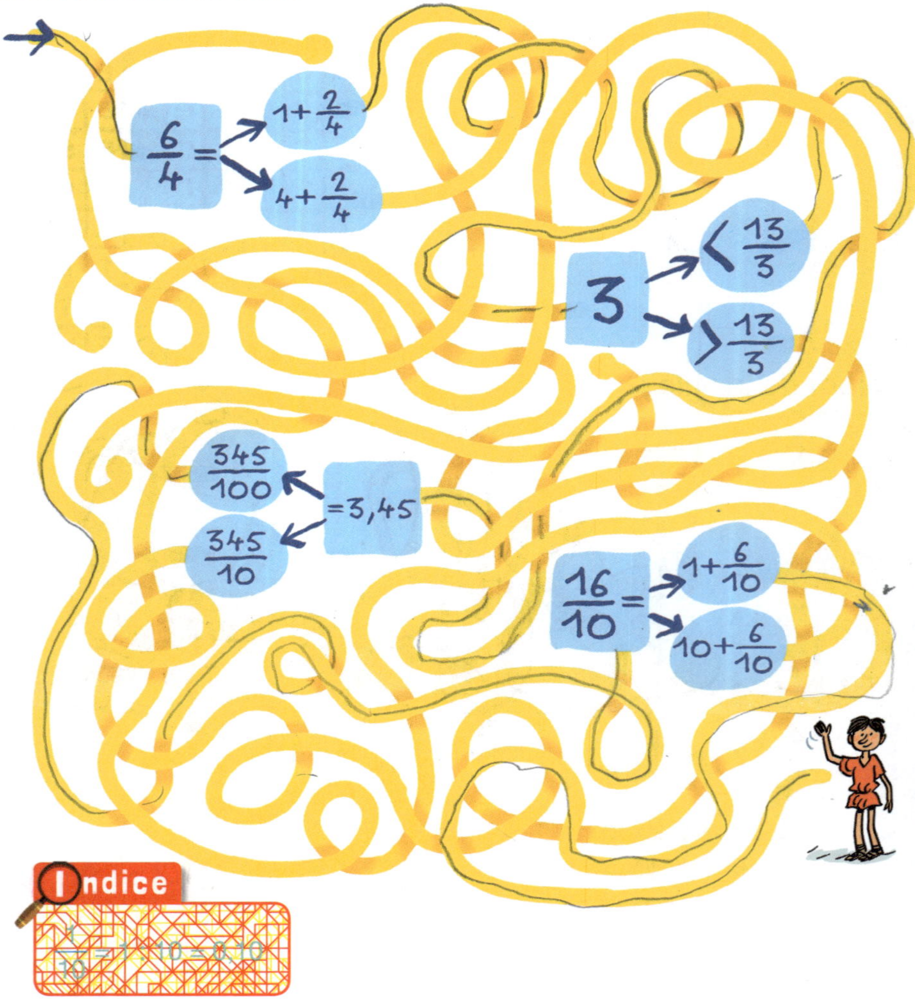

Indice

$\frac{1}{10} = 1 : 10 = 0{,}10$

Tu rejoins le garçon et lui demandes comment il connaît ton prénom. Il ne te répond pas mais glisse un drôle d'objet dans ta main puis disparaît.

Décode le message de l'enfant.

R	C	I	T	O	Y	E	N
E	J	D	E	E	S	S	E
O	T	D	I	S	N	S	S
M	E	I	O	C	I	T	E
I	M	E	D	L	E	A	V
A	P	U	N	A	T	T	L
E	L	P	A	V	R	U	T
H	E	E	N	E	O	E	N

Message décodé :

R E J O I N T - N O T
D E V A N T L E
P A P T H E O N S

Indice
Le texte te donne les mots à barrer.

Le nombre de lettres dans le nom propre du message décodé est le chiffre mystère n° 2.

Mon chiffre mystère n° 2
9

ÉNIGME 3

Bravo ! Tu as réussi à découvrir le lieu où retrouver le jeune garçon mais tu ignores comment t'y rendre...
Si seulement tu avais une carte !

Trouve le code et déchiffre les inscriptions pour savoir dans quelle boutique te rendre.

A	B	C	D	E	F	G	H	I	J	K	L	M
P	Q	R	S	T	U	V	W	Y	V	Z	A	B
N	O	P	Q	R	S	T	U	V	W	X	Y	Z
C	D	E	F	G	H	I	J	K	L	M	N	O

Indice
Le code est déesse qui donne D = S

Réponse :
Il faut te rendre chez le cartographe.

Dans la boutique, tu ne sais plus où donner de la tête :
il y a des rouleaux de cartes partout ! Heureusement, le marchand vient t'aider et déniche rapidement une carte de la ville.
Reste à savoir son prix...

Retrouve les chiffres qui correspondent aux opérations.

Réponse :

La carte coûte [épée] soit 7 pièces.

Indice

Amphore = 6

Le chiffre correspondant au casque est le chiffre mystère n° 3.

Mon chiffre mystère n° 3

5

ÉNIGME 4

Ça y est ! Tu as acheté la carte. Maintenant tu dois localiser le lieu du rendez-vous. Tu demandes de l'aide à un vieil homme mais il te donne d'étranges coordonnées de monuments.

Trouve l'emplacement de chaque bâtiment pour découvrir un message.

	4	1	4	0	2	3
4	V	A	S	B	i	O
1	J	D	C	M	Z	R
3	L	X	A	E	V	C
2	O	W	L	O	P	Q
2	L	F	G	H	i	C
2	K	T	N	J	E	M

Le Parthénon

Case vide

2 arènes

3 temples

Indice

4 = 4 cases occupées dans la ligne/colonne. Aucun bâtiment ne doit se toucher !

Réponse :

VA SOR LA COLLiNE

Grâce à ces indications, tu sais désormais qu'il faut prendre la direction de la colline de l'Acropole pour rejoindre le Parthénon, un grand temple. Mais les rues d'Athènes sont un vrai labyrinthe.

Rejoins le Parthénon.

5,2 × 10 — 9 − 8 — 6 : 2 — 8 + 9

52 + 1 — 3 × 17

53 − 51

2

Indice

Écris dans l'ordre sur la 1re ligne les nombres sur lesquels tu passes pour sortir.

Le résultat final de l'opération est le chiffre mystère n° 4.

Mon chiffre mystère n° 4

2 ....

ÉNIGME 5

Te voilà enfin au lieu du rendez-vous. Soudain, on attrape ta main : c'est l'enfant qui connaît ton nom ! Tu te laisses guider entre les colonnades du temple jusqu'à une petite porte. Pour qu'elle s'ouvre, il faut un mot de passe...

Trouve le mot de passe.

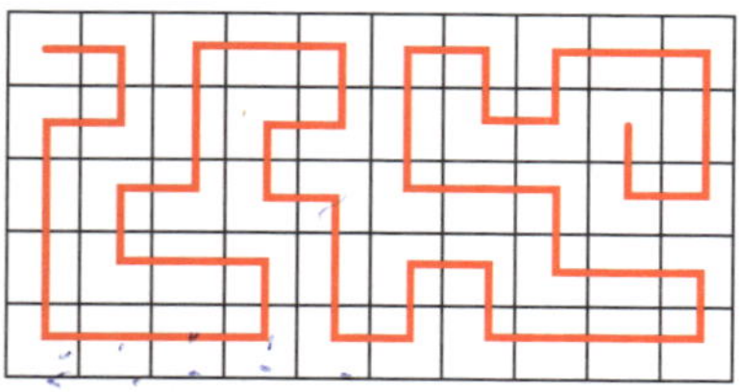

Indice

Suis le bon chemin !

Réponse :

LE MOT DE PASS EST LE NOM DE LA
DEESSE A QUI IL EST DEDIÉ CE TEMPLE

Comment trouver le bon mot de passe ? Il existe tellement de divinités grecques ! Tu demandes de l'aide à l'enfant : il te tend alors un parchemin avec une série de questions.

Trouve le mot de passe.

1 Quel est le nom d'un triangle qui possède un angle droit ?

A - Un triangle rectangle
B - Un triangle isocèle
C - Un triangle équilatéral

2 Combien de côtés possède un parallélogramme ?

S - 3
T - 4
U - 5

3 Quelle formule utilise-t-on pour calculer le périmètre d'un rectangle ?

F - c × 4
G - L × l
H - (L + l) × 2

4 Quel instrument utilise-t-on pour vérifier que deux droites sont perpendiculaires ?

D - Une règle
E - Une équerre
F - Un rapporteur

5 Comment s'appelle un quadrilatère qui possède 4 angles droits et 4 côtés égaux ?

M - Un rectangle
N - Un carré
O - Un losange

6 Combien de sommets possède un cube ?

A - 8
B - 6
C - 10

EUREKA* Tu as trouvé le nom de la déesse grecque !

Indice
Entoure la lettre devant chaque bonne réponse !

Mot de passe :
A T H É N A

La réponse correcte à la question 2 est le chiffre mystère n° 5.

Mon chiffre mystère n° 5
4

* « J'ai trouvé ! » en grec.

DÉCOUVRE LE SECRET

La porte s'ouvre lentement. Le jeune garçon te fait signe d'avancer. Qui est-il ? Comment connaît-il ton prénom ? Comment rentrer chez toi ? Mais avant que tu aies pu l'interroger, il disparaît...

Reporte dans le tableau les chiffres mystère que tu as découverts.

Chiffre mystère de l'énigme...

1	2	3	4	5
8	9	5	2	4

Entoure, pour chaque énigme, la lettre correspondant au chiffre mystère.

Chiffre mystère	1	2	3	4	5	6	7	8	9
Énigme 1	U	C	V	E	Z	H	O	A	X
Énigme 2	X	E	C	N	A	F	T	Q	I
Énigme 3	B	L	W	U	T	Z	T	K	P
Énigme 4	R	T	P	I	O	G	J	U	I
Énigme 5	Q	D	T	O	V	L	K	Y	R

Écris les lettres que tu as entourées et reporte-les dans l'Escape Game final.

Lettres du secret : Escape Game 1

A I T T O

Tu hésites un instant mais ton instinct te dit de faire confiance à l'enfant. Tu décides alors d'avancer et encore une fois tout se met à tourner autour de toi !
Tu espères revenir dans le grenier mais, quand le calme revient, le décor n'est pas du tout celui auquel tu t'attendais...

ESCAPE GAME 2

Retrouvailles au Moyen Âge

ÉNIGME 6

Quelle agitation autour de toi ! Dans la grande cour où tu as atterri, des hommes, des femmes et même des enfants s'activent à couper du bois, puiser de l'eau, s'occuper des chevaux...

Découvre le lieu où tu te trouves.

Réponse :

Tu te trouves dans un chat-T'-eau-f'-or.

C'est bien ce que tu craignais : tu as encore fait un bond dans le temps ! Soudain, quelqu'un te coupe dans tes réflexions et te montre d'étranges inscriptions tracées sur le sol.

Déchiffre l'inscription.

Indice

Suis les lignes pour mettre les lettres dans le bon ordre !

Réponse : ECURIES

Mon chiffre mystère n° 6

5

La position dans l'alphabet de la première lettre du mot caché est le chiffre mystère n° 6.

ÉNIGME 7

Tu regardes autour de toi et ne tardes pas à distinguer le lieu indiqué par l'inscription. Tu décides de t'y rendre.

Suis le chemin.

Indice

Chaque pastille indique le nombre de bonds et la direction.

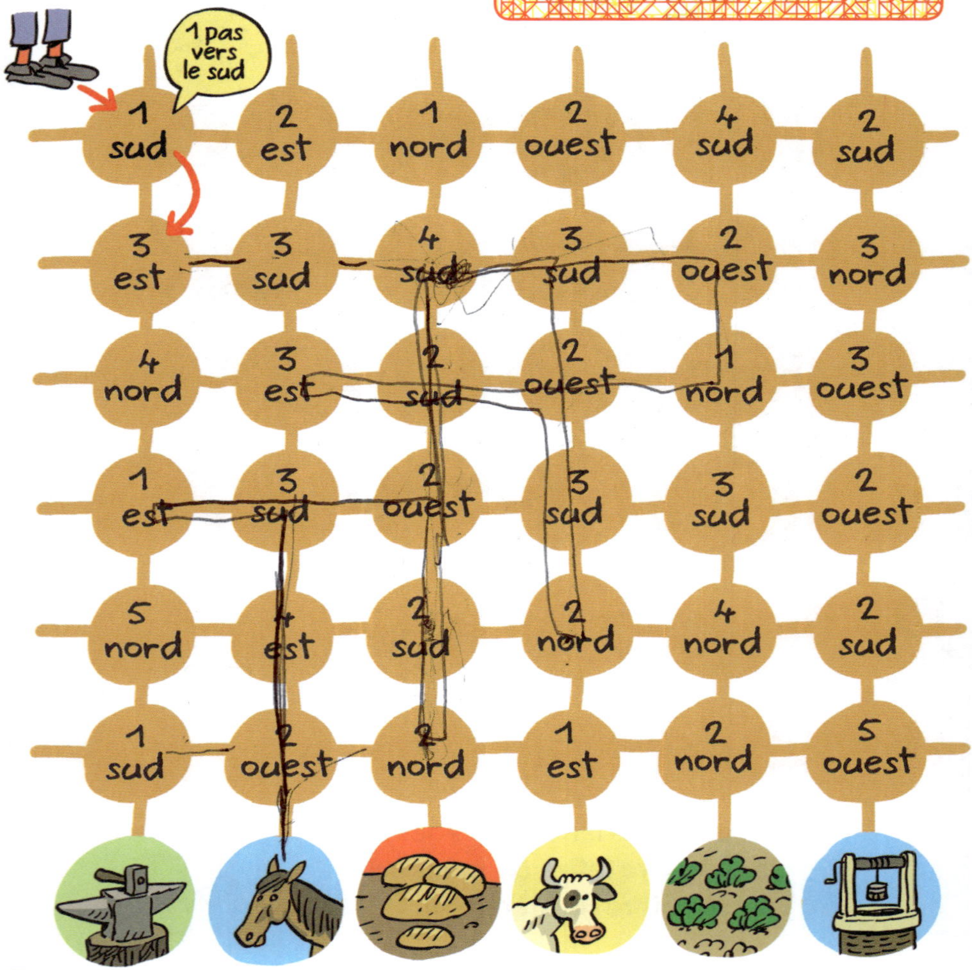

Une fois sur place, tu inspectes les lieux : de la paille, des chevaux et un garçon d'écurie en train de balayer. Son visage te dit quelque chose ! Quand il t'aperçoit, il te sourit puis dévoile un coffre sous la paille : à l'intérieur, un message.

Décode le message.

Message décodé :

~~PVV~~ L'efant grecue c'était moi !

Indice

Regarde dans le coffre.

La position dans l'alphabet de la lettre « u » décodée est le chiffre mystère n° 7.

Mon chiffre mystère n° 7

6

ÉNIGME 8

Le garçon t'explique qu'il peut t'aider à rentrer chez toi car il connaît les passages temporels. Il te donne un étrange indice pour trouver le prochain.

Trouve le prochain passage.

①	S	O	L	d	A	T	S			
		②	P	O	T	A	G	E	R	
	③	P	O	N	T	L	E	V	I	S
			④	J	O	U	T	E		
			⑤	O	U	T	I	L	S	
⑥	G	R	A	N	G	E				

Indice

Un mot apparaît à la verticale !

① Le seigneur dirige ses soldats.
② Le paysan cultive le potager.
③ Le garde ferme le pont-levis.
④ Le chevalier perd la joute.
⑤ Le forgeron fabrique des outils.
⑥ Les récoltes remplissent la grange.

Réponse :

Le passage se trouve dans le DONJON.

Maintenant que tu sais où se trouve le passage, tu as hâte de t'y rendre ! Le garçon te dit qu'il va te guider mais que tu devras aussi faire ta part ! D'ailleurs, c'est à toi de découvrir la direction à prendre pour t'y rendre...

Grise les bonnes cases pour découvrir la direction à prendre.

MULTIPLES DE 3

12	99	27	25	48	21	6	500	66	9	126
33	440	20	55	69	65	125	70	95	42	115
81	432	54	10	24	51	78	85	745	93	160
39	40	130	185	815	35	36	320	100	111	175
18	63	72	215	213	87	57	545	560	84	755

Indice

Additionne les chiffres d'un nombre pour savoir s'il est multiple de 3 !

Direction à prendre :

____

Le chiffre des dizaines du plus grand nombre du tableau est le chiffre mystère n° 8.

Mon chiffre mystère n°8

....

ÉNIGME 9

Vous avancez tous les deux vers la direction que tu as déterminée.
En chemin, tu demandes à l'enfant comment il s'appelle.
Fidèle à lui-même, il ne te répond pas directement mais attrape un bâton et se met à écrire sur le sol...

Découvre le prénom de l'enfant.

A	E	G	S	T	U	V
42	10	97	83	65	85	31

Prénom de l'enfant :

E S G A V U T

Indice

Le rébus indique le sens de lecture des lettres !

Vous atteignez la porte qui protège le donjon.
Deux gardes filtrent les arrivées.
Pour passer, il faut répondre correctement à leurs deux énigmes...

Trouve les bonnes réponses.

Réponse 1 : Chatauifort

Réponse 2 : Ponlevie

Indice

Ce sont des charades !

Le nombre de syllabes de chacune des réponses ci-dessus est le chiffre mystère n° 9.

Mon chiffre mystère n° 9

....

ÉNIGME 10

Vous passez la porte : en face de vous se dresse un majestueux donjon. Gustave t'explique que le passage temporel se trouve dans la réserve de la cuisine.

Trouve le personnage qui utilise une phrase négative : il t'indiquera où se trouve la réserve.

Indice

Une phrase négative contient une négation comme **ne ... pas** ou **ne ... plus**.

Réponse :

Je n'aime pas ce travail

Vous voici enfin dans la réserve. Gustave écarte des sacs et une petite trappe apparaît : elle est fermée…

Trouve le code d'ouverture de la trappe.

6	5	2	3	8	ⓒ 7	9	1	4
7	1	9	4	5	2	3	6	8
ⓞ 3	4	8	1	8	6	2	5	7
8	2	1	9	3	5	4	7	6
5	9	6	2	7	4	8	3	1
4	7	3	ⓓ 8	6	1	5	2	9
1	8	7	5	2	9	6	4	3
2	ⓔ 3	4	6	1	8	7	9	5
9	6	5	7	4	3	1	8	2

Code : ~~3 3 8~~ _ _

7 3 8 3

Indice

Sur une ligne, il n'y a jamais deux fois le même chiffre.

Le chiffre des milliers du code est le chiffre mystère n° 10.

Mon chiffre mystère n° 10

7

DÉCOUVRE LE SECRET

La trappe est désormais ouverte. Gustave te fait signe de rentrer le premier. Il t'explique que les passages font avancer dans le temps. Pourvu que tu reviennes enfin dans le grenier de ton grand-père...

Reporte dans le tableau les chiffres mystère que tu as découverts.

Chiffre mystère de l'énigme...				
6	7	8	9	10
....	....	....	....	....

Entoure, pour chaque énigme, la lettre correspondant au chiffre mystère.

Chiffre mystère	1	2	3	4	5	6	7	8	9
Énigme 6	T	R	P	A	L	I	C	S	Q
Énigme 7	M	E	Y	D	V	E	N	M	E
Énigme 8	G	S	V	Q	P	J	L	B	E
Énigme 9	E	U	A	P	L	U	N	C	E
Énigme 10	X	H	S	K	A	D	R	B	R

Écris les lettres que tu as entourées et reporte-les dans l'Escape Game final.

Lettres du secret :
Escape Game 2

_ _ _ _ _

Tu commences à descendre l'escalier. Tu penses que Gustave va te rejoindre mais il te lance quelque chose et referme la trappe ! Quand tu atteins le sol, un étrange spectacle t'attend...

ESCAPE GAME 3

Dans l'atelier de Léo

ÉNIGME 11

L'endroit où tu arrives est sombre et tu mets quelques instants à t'adapter à la pénombre. Tu regardes l'objet lancé par Gustave : il s'agit d'un carnet. Tu l'ouvres et découvres la première page.

Déchiffre la dernière phrase.

Indice

Pourquoi la ponctuation est-elle au début de la phrase ?

Phrase déchiffrée :

Tu les trouveras aussi a l'aide de mes pages...

Te voici en possession d'un carnet écrit par Gustave pour te guider vers les passages temporels. Tu tournes fébrilement la première page et voici ce qui suit.

Découvre le message.

Indice
Transcris les résultats en mots !

Message :

TROUVE LE
GLOBE

Le chiffre des dizaines du quotient est le chiffre mystère n° 11.

Mon chiffre mystère n° 11

40

ÉNIGME 12

Tu regardes autour de toi à la recherche de l'objet indiqué par Gustave. Tu en vois trois : duquel parle-t-il ? Tu regardes la page suivante dans le carnet.

Trouve le bon globe.

Il faut prendre le globe qui porte le numéro :

_ _ _ _ _

Indice

Chaque lettre correspond à une multiplication : A = 1 × 1

Tu examines attentivement le globe indiqué et finis par remarquer un système d'ouverture. Tu l'ouvres : à l'intérieur, il y a une petite clé. Que dois-tu ouvrir avec ? Tu regardes à nouveau dans le carnet.

Découvre l'indice de Gustave.

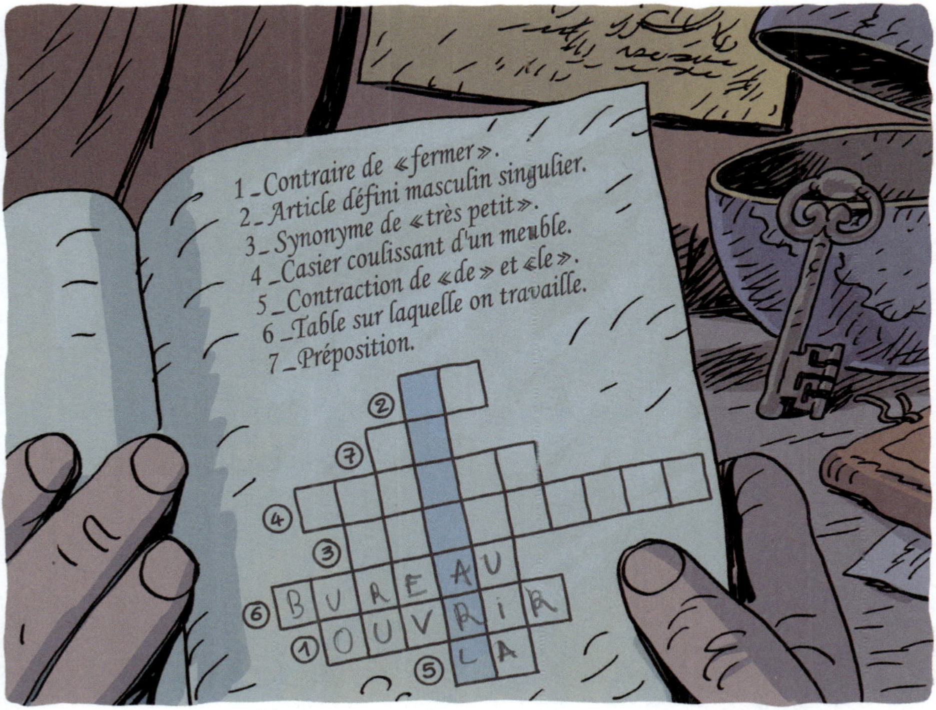

Indice de Gustave :

____

Indice

Lis tous les mots de la grille dans l'ordre : le dernier se lit à la verticale !

Le nombre de U dans la grille complétée est le chiffre mystère n° 12.

Mon chiffre mystère n° 12

…………….

ÉNIGME 13

Tu localises rapidement la pièce où tu dois te rendre.
Comme tu le craignais, la porte est fermée ! Un étrange mécanisme semble actionner son ouverture. Sur la page suivante du carnet, une série de chiffres...

Débloque le mécanisme pour ouvrir la porte.

Indice

La somme de chaque ligne, colonne et diagonale du carré doit faire 15 !

La porte s'ouvre sur une petite pièce. Tu te diriges vers l'imposant bureau qui trône au milieu et insères la clé dans la serrure du petit tiroir : il est vide... Tu regardes à nouveau dans le carnet.

Découvre le conseil de Gustave.

Conseil de Gustave :

____

Le nombre de voyelles + 3 dans le conseil de Gustave est le chiffre mystère n° 13.

Mon chiffre mystère n° 13

....

ÉNIGME 14

Ce que tu découvres sous le tiroir te laisse perplexe : il s'agit d'un mot qui fait référence à une série de verres alignés sur le bureau.

Trouve la solution.

Indice

Il faut juste toucher un verre et non le changer de place !

Verre n° : __

Quand tu soulèves le verre, tu découvres un petit papier plié. Tu le déplies mais tu ne vois rien. Tu allumes une bougie pour le regarder de plus près. Sous l'action de la chaleur, de mystérieux chiffres apparaissent sur le papier...

Décode le message sur le papier.

Message :

____

____

____

Indice

Chaque chiffre correspond à la position d'une lettre dans l'alphabet (1 = A).

La moitié du nombre de mots du message est le chiffre mystère n° 14.

Mon chiffre mystère n° 14

....

ÉNIGME 15

Devant la grande bibliothèque, tu te demandes comment accéder à la porte indiquée. Tu cherches mais ne vois aucun système d'ouverture. Sur la page suivante du carnet, un quadrillage attire alors ton attention.

Trouve le message.

Indice

Lis dans l'ordre le dos des livres correspondant aux cases claires.

Au moment où tu attrapes le livre indiqué par le plan, un pan de la bibliothèque se met à bouger dévoilant un escalier ! Tu l'empruntes et arrives rapidement sur un palier : en face de toi, une porte métallique fermée par un code…

Déverrouille la porte du temps.

Indice

L'inscription est écrite à l'envers !

Code d'ouverture :

_ _ _ _

Le chiffre des milliers du sommet de la pyramide est le chiffre mystère n° 15.

Mon chiffre mystère n° 15

....

DÉCOUVRE LE SECRET

Dans un grincement, la porte métallique s'ouvre sur un étroit couloir sombre. Tu t'y engages tout en te demandant si cet étrange voyage dans le temps finira un jour...

Reporte dans le tableau les chiffres mystère que tu as découverts.

Chiffre mystère de l'énigme...				
11	12	13	14	15
....	....	....	....	....

Entoure, pour chaque énigme, la lettre correspondant au chiffre mystère.

Chiffre mystère	1	2	3	4	5	6	7	8	9
Énigme 11	U	C	V	N	Z	H	O	A	X
Énigme 12	X	G	C	N	A	G	T	Q	I
Énigme 13	B	L	W	U	T	Z	T	K	R
Énigme 14	R	T	A	I	O	G	J	U	I
Énigme 15	N	D	T	O	V	L	K	Y	R

Écris les lettres que tu as entourées et reporte-les dans l'Escape Game final.

Lettres du secret : Escape Game 3

_ _ _ _ _

Tu avances lentement songeant avec inquiétude à ce que tu vas découvrir. Tu espères tellement revenir au grenier ! Mais quand tu arrives de l'autre côté, tout se met brusquement à bouger sous tes pieds...

ESCAPE GAME 4

Avec les corsaires

ÉNIGME 16

Le sol tangue sous tes pieds. Tu tentes de marcher mais tout semble bouger. Tu scrutes les lieux : il y a des caisses et des filets partout ! Sur un des murs en bois, un message est accroché…

Trouve dans ce message l'endroit où tu es.

Réponse : ______________________

Indice

Utilise la première lettre de chaque ligne !

Incroyable : tu te trouves dans la cale d'un bateau ! Tu décides d'ouvrir le coffre à ta droite : il est fermé mais une gravure a attiré ton attention...

Trouve le code qui ouvre le coffre.

Indice

« Chiffre 1 » = premier chiffre du code du cadenas...

Code : __ __ __

Le chiffre des dizaines du code est le chiffre mystère n° 16.

Mon chiffre mystère n° 16

....

ÉNIGME 17

Quand tu réussis enfin à l'ouvrir, le contenu du coffre t'éblouit. Tu n'en reviens pas : tous ces bijoux ! Tu remarques alors un mot glissé parmi les bijoux.

Déchiffre le texte sur le papier.

: ueil ec ne erdniojer et sap siarruop en eJ

...xueregnad port tiares ec xued A

: neib iot-ehcac te tercsid iot-siaF

nimehc not revuort ruop liesnoc nom àlioV

TON CHER ET FIDÈLE GUSTAVE

Indice

À l'envers !

Gustave t'a une nouvelle fois laissé des indices ! Mais de quel danger parle-t-il ? Tu décides de rester sur tes gardes. Avant de mettre ce papier dans ta poche, tu vérifies de l'autre côté.

Décode le message caché de Gustave.

Indice

Remplis les tirets colorés par les lettres colorées de la signature p. 44.

Le tiers du nombre de mots du message caché est le chiffre mystère n° 17.

Mon chiffre mystère n° 17

....

ÉNIGME 18

Il faut que tu sortes de la cale. Au sol, tu remarques une trappe mais elle est fermée à clé.

Trouve le message caché dans l'inscription.

Indice

Sans t'occuper du P.S.

Message caché :

____ .

G. ? C'est Gustave ! Tu localises les tonneaux et repenses au P.S. sur la trappe. Gustave te lance un défi !

Relève le défi pour trouver la clé.

Indice

Déplace seulement les tonneaux des angles.

Le cinquième du nombre total de tonneaux est le chiffre mystère n° 18.

Mon chiffre mystère n° 18

....

ÉNIGME 19

Tu ouvres la trappe avec la clé trouvée sous un tonneau et rejoins le pont. Des pirates : voilà le danger ! Tu remarques alors une porte à ta droite.

Trouve quelle clé ouvre le local.

Indice

Les mots de la première ligne du tableau sont écrits à l'envers !

N° de la clé :

_ _ _

Tu fouilles dans les vêtements du local et te composes une tenue de pirate. En sortant, un pirate te demande le mot de passe. Sur le poteau devant toi, Gustave t'a encore laissé un indice.

Trouve le mot de passe.

Mot de passe : ______________________

Indice

C'est une charade.

Mon chiffre mystère n° 19

....

Le nombre de pirates barbus multiplié par deux est le chiffre mystère n° 19.

ÉNIGME 20

Te voilà enfin devant la cabine du capitaine. Évidemment, elle est fermée… Un perroquet garde la porte : il tient des propos intrigants.

Trouve comment ouvrir la porte.

Il faut presser : ____________________

Indice

Il s'agit d'une lettre du mot CAPITAINE !

Tu appuies sur la lettre : la porte s'ouvre ! Tu entres discrètement et fermes derrière toi. Il va falloir faire vite ! Tu trouves une porte cachée derrière un tableau mais elle est fermée. Sur le tableau, tu lis une liste de chiffres.

Trouve le code de la porte.

Indice

L'ordre alphabétique est la solution.

Code de la porte :

_ _ _ _

Le chiffre des milliers du code de la porte est le chiffre mystère n° 20.

Mon chiffre mystère n° 20

....

DÉCOUVRE LE SECRET

Tu ouvres la porte mais tu hésites à la franchir. L'inconnu t'effraie et ce voyage temporel n'en finit pas...

Reporte dans le tableau les chiffres mystère que tu as découverts.

Chiffre mystère de l'énigme...				
16	17	18	19	20
....	....	....	....	....

Entoure, pour chaque énigme, la lettre correspondant au chiffre mystère.

Chiffre mystère	1	2	3	4	5	6	7	8	9
Énigme 16	C	C	V	E	Z	H	O	A	X
Énigme 17	X	E	O	N	A	F	T	Q	I
Énigme 18	B	N	W	U	T	Z	T	K	P
Énigme 19	R	T	P	E	O	G	J	U	I
Énigme 20	Q	D	T	O	V	T	K	Y	R

Écris les lettres que tu as entourées et reporte-les dans l'Escape Game final.

Lettres du secret :
Escape Game 4

_ _ _ _ _

Les bruits de pas qui se rapprochent et la poignée de la cabine qui commence à bouger finissent par te convaincre : il faut partir d'ici ! Au moment où le capitaine entre dans la pièce et t'aperçoit, tu franchis la porte vers l'inconnu...

ESCAPE GAME 5

La belle époque

ÉNIGME 21

Pour la première fois depuis le début de ton voyage temporel, le décor qui t'entoure te semble vaguement familier. Dans une flaque d'eau à tes pieds, tu aperçois le reflet déformé d'un panneau.

Déchiffre le nom du lieu où tu te trouves.

Lieu où tu te trouves :

____

Indice

Le nom de la ville apparaît également !

Voilà pourquoi l'endroit te semble si familier : tu es dans la capitale ! Enfin, la capitale d'avant... Soudain, un coursier s'arrête devant toi et te tend une grosse enveloppe. Incrédule, tu l'ouvres et découvres un mot et trois petites enveloppes.

Déchiffre la lettre et trouve quelle enveloppe ouvrir.

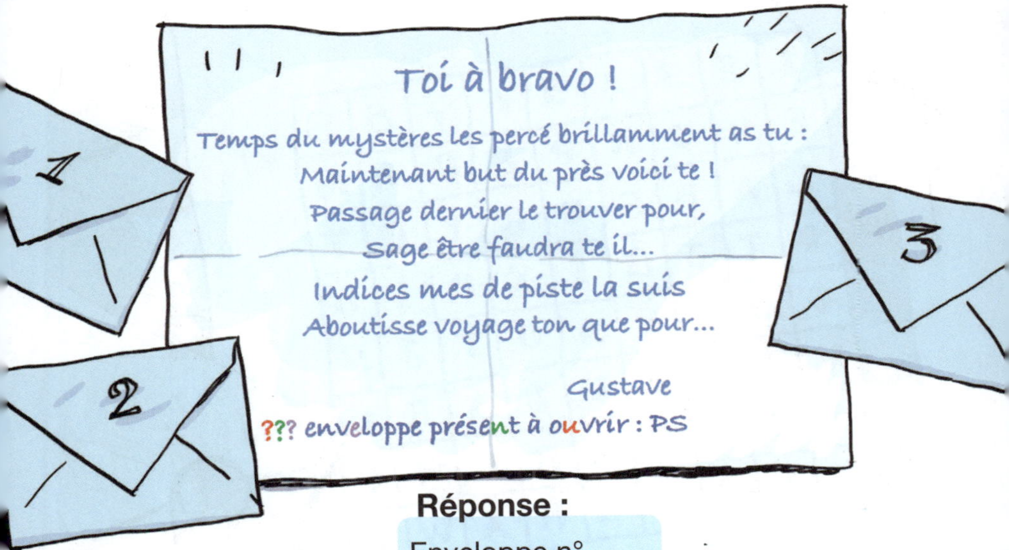

Réponse :

Enveloppe n° ___

Indice

Chaque point d'interrogation correspond à une lettre.

Le numéro de l'enveloppe à ouvrir est le chiffre mystère n° 21.

Mon chiffre mystère n° 21

....

ÉNIGME 22

Un jeu de pistes ? C'est bien une idée à la Gustave ! Tu ouvres l'enveloppe indiquée dans la lettre pour savoir ce qui t'attend.

Décode le message.

Indice

2 ORANGE = A !!!

Message décodé :

Tu comprends aussitôt qu'il s'agit de l'endroit où tu dois te rendre. Avec l'aide des passants que tu croises, tu progresses rapidement pour arriver au lieu indiqué. Sur place, une jeune fille t'accoste et te remet le journal du jour.

Trouve le message caché dans l'article.

Message caché : ______________________

Indice

Lis les lettres entourées !

Le nombre de lettres du nom du métal dans le message caché est le chiffre mystère n° 22.

Mon chiffre mystère n° 22

....

ÉNIGME 23

Cette appellation te fait aussitôt réagir : c'est la Tour Eiffel ! Quand tu arrives, tu la trouves plus petite que dans ton souvenir... Tu scrutes les lieux quand ton regard tombe sur des symboles tracés sur le sol...

Décode l'inscription.

Indice

Trace les axes de symétrie verticaux et grise les parties droites !

Inscription décodée :

____

Tu sors l'enveloppe en question de ta poche. À l'intérieur, tu découvres une photographie en noir et blanc et un étrange message...

Déchiffre le message.

Message déchiffré :

____

____

Indice

Le numéro au-dessus de la porte est la clé !

Le nombre de lettres du verbe à l'impératif du message est le chiffre mystère n° 23.

Mon chiffre mystère n° 23

....

ÉNIGME 24

Tu te demandes comment tu vas trouver cette rue... Tu scrutes la photographie à la recherche d'un nouvel indice : rien. Mais, quand tu la retournes, tu découvres de petites inscriptions au dos...

Décrypte l'inscription.

Indice

Inscription décryptée :

Tu t'adresses aux passants pour trouver ton chemin. Tu commences à fatiguer : sillonner le temps n'est pas de tout repos ! Quand tu arrives enfin à l'adresse indiquée, un drôle de message t'attend sur la porte…

Décode le mot sur la porte.

10	55	65	34	110
78	25	16	4	22
8	49	14	6	56
54	0	64	1	15
18	52	88	36	94
72	81	100	9	43
2	32	48	12	20

Indice

Grise les cases contenant les résultats !

Réponse :

Étage n° __

Le numéro de l'étage est le chiffre mystère n° 24.

Mon chiffre mystère n° 24

…………

ÉNIGME 25

Tu pousses la porte et montes rapidement les marches qui te mènent à l'étage indiqué. En face de toi, une porte fermée par un code et un mot. Tu t'empresses d'ouvrir la dernière enveloppe.

Trouve le code qui ouvre la porte.

Indice

Les chiffres défilent vers la droite !

Code : _ _ _ _

Tu ouvres la porte avec appréhension et pénètres à l'intérieur. Assis derrière un bureau, un homme se tourne vers toi et te tend un papier : il te demande de lui donner le bon mot de passe...

Trouve le mot de passe.

1. Lucie va ... la piscine.
   D – a
   E – as
   F – à

2. Elle mange un ... de pain.
   H – peut
   I – peu
   J – peux

3. Il enfile ... bottes
   L – ces
   M – c'est
   N – ses

4. Ce soir, ... ira au cinéma.
   I – on
   J – ont
   K – on n'

Indice

Chaque bonne réponse correspond à une lettre du mot de passe !

Mot de passe : ______________________

La position dans l'alphabet de la dernière lettre du mot de passe est le chiffre mystère n° 25.

Mon chiffre mystère n° 25

....

DÉCOUVRE LE SECRET

À peine as-tu prononcé le mot de passe que l'homme dévoile une machine qui ressemble étrangement à celle qui était dans le grenier de ton grand-père. Il te sourit et t'invite à appuyer sur le bouton...

Reporte dans le tableau les chiffres mystère que tu as découverts.

Chiffre mystère de l'énigme...				
21	22	23	24	25
....	....	....	....	....

Entoure, pour chaque énigme, la lettre correspondant au chiffre mystère.

Chiffre mystère	1	2	3	4	5	6	7	8	9
Énigme 21	D	C	V	E	Z	H	O	A	X
Énigme 22	X	E	P	N	A	F	T	Q	I
Énigme 23	B	L	W	U	T	E	T	K	P
Énigme 24	R	T	P	I	R	G	J	U	I
Énigme 25	Q	D	T	O	V	L	K	Y	E

Écris les lettres que tu as entourées et reporte-les dans l'Escape Game final.

Lettres du secret : Escape Game 5

_ _ _ _ _

Avant d'actionner la machine, l'homme t'explique que tu comprendras bientôt la clé des mystères du temps...

ESCAPE GAME FINAL

Quand tu regardes autour de toi, tu réalises que tu es enfin de retour dans le grenier de ton grand-père : tu as réussi à rentrer ! Tu pousses un cri de soulagement mais tu te demandes où se trouve désormais Gustave...

Ton grand-père entre alors dans le grenier et te sourit d'une façon étrange. Il te tend un papier que tu t'empresses de lire.

Escape Game 1

_ _ _ _ _

Escape Game 2

_ _ _ _ _

Escape Game 3

_ _ _ _ _

Escape Game 4

_ _ _ _ _

Escape Game 5

_ _ _ _ _

Le secret est :

____

C'était donc lui ! Tout s'explique : voilà pourquoi Gustave voulait t'aider à revenir jusqu'ici !

Une chose est sûre : tu ne remonteras pas dans le grenier de sitôt !

SOLUTIONS

ÉNIGME 1

Page 6

Page 7

F	R	**A**	I	S							
		T	A	L	E	N	T	U	E	U	X
	C	**H**	A	U	D	E					
P	R	**E**	C	I	E	U	S	E			
B	O	**N**									
	B	**E**	A	U							
		S	U	P	E	R	B	E			

- **Nom de la ville : ATHÈNES**
- **Chiffre mystère n° 1 : 8** (H = **8e** lettre de l'alphabet)

ÉNIGME 2

Page 8

- $\frac{6}{4} = \frac{4}{4} + \frac{2}{4} = \mathbf{1 + \frac{2}{4}}$
- $3 < \mathbf{\frac{13}{3}}$
- $3{,}45 = \mathbf{\frac{345}{100}}$
- $\frac{16}{10} = \frac{10}{10} + \frac{6}{10} = \mathbf{1 + \frac{6}{10}}$

Page 9

Il fallait trouver et rayer les **7 noms communs** suivants : cité ; citoyen ; déesse ; dieu ; esclave ; statue ; temple.

R	C	I	T	O	Y	E	N
E	J	D	E	E	S	S	E
O	T	D	I	S	N	S	S
M	E	I	O	C	I	T	E
I	M	E	D	L	E	A	V
A	P	U	N	A	T	T	L
E	L	P	A	V	R	U	T
H	E	E	N	E	O	E	N

▶ **Message décodé : Rejoins-moi devant le Parthénon.**

▶ **Chiffre mystère n° 2 : 9** (**9** lettres dans le mot Parthénon)

ÉNIGME 3

Page 10

A	B	C	D	E	F	G	H	I	J	K	L	M
p	q	r	s	t	u	v	w	x	y	z	a	b
N	**O**	**P**	**Q**	**R**	**S**	**T**	**U**	**V**	**W**	**X**	**Y**	**Z**
c	d	e	f	g	h	i	j	k	l	m	n	o

▶ **Panneaux déchiffrés :**

POTIER

BANQUIER

CARTOGRAPHE

CORDONNIER

▶ **Réponse :** Il faut te rendre chez le **cartographe**.

Page 11

▶ **Réponse :** La carte coûte **7** pièces.

▶ **Chiffre mystère n° 3 : 5** (casque = **5**)

ÉNIGME 4

Page 12

	4	1	4	0	2	3
4	V	A	S			U
1						R
3	L		A			C
2	O		L			
2	L				I	
2			N		E	

▶ **Réponse : va sur la colline.**

Page 13

5,2 × 10 → **52**
9 − 8 → **1**
6 : 2 → **3**
8 + 9 → **17**

52 + 1 → **53**
3 × 17 → **51**

53 − 51 → **2**

▶ **Chiffre mystère n° 4 : 2**

ÉNIGME 5

Page 14

Il faut suivre le parcours rouge indiqué dans la grille.

▶ **Réponse : Le mot de passe est le nom de la déesse à qui est dédié ce temple.**

Page 15

▶ **Mot de passe : ATHÉNA**

▶ **Chiffre mystère n° 5 : 4**

Découvre le secret
Page 16

Chiffre mystère de l'énigme...				
1	2	3	4	5
8	9	5	2	4

Énigme 1	U	C	V	E	Z	H	O	A	X
Énigme 2	X	E	C	N	A	F	T	Q	I
Énigme 3	B	L	W	U	T	Z	T	K	P
Énigme 4	R	T	P	I	O	G	J	U	I
Énigme 5	Q	D	T	O	V	L	K	Y	R

- **Lettres du secret : Escape Game 1 :** AITTO

ÉNIGME 6

Page 18

Tu te trouves dans un **château-fort**.

Page 19

- **Réponse : ÉCURIES**
- **Chiffre mystère n° 6 : 5** (E = **5**e lettre de l'alphabet)

ÉNIGME 7

Page 20

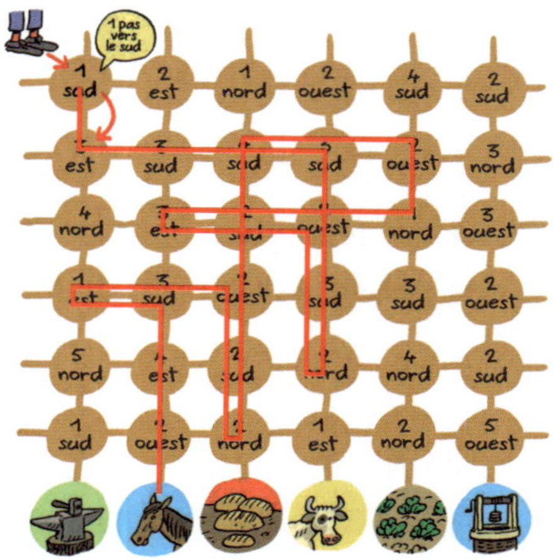

Page 21

▶ **Message décodé : L'enfant grec, c'était moi !**

▶ **Chiffre mystère n° 7 : 6** (u → f → **6**)

ÉNIGME 8

Page 22

	①	S	O	L	**D**	A	T	S		
			②	P	**O**	T	A	G	E	R
		③	P	O	**N**	T	L	E	V	I	S
				④	**J**	O	U	T	E	
				⑤	**O**	U	T	I	L	S
⑥	G	R	A		**N**	G	E			

▶ **Réponse :** Le passage se trouve dans le **donjon.**

Page 23

Il faut griser tous les multiples de 3.

12	99	27	25	48	21	6	500	66	9	126
33	440	20	55	69	65	125	70	95	42	115
81	432	54	10	24	51	78	85	745	93	160
39	40	130	185	815	35	36	320	100	111	175
18	63	72	215	213	87	57	545	560	84	755

▶ **Direction à prendre** : **EST**

▶ **Chiffre mystère n° 8 : 1** (815)

ÉNIGME 9

Page 24

Il faut remettre la série de nombres du plus grand au plus petit et les convertir en lettres grâce à la grille :
97 > 85 > 83 > 65 > 42 > 31 > 10.

▶ **Prénom de l'enfant : Gustave**

Page 25

- **Réponse 1 : château-fort**
- **Réponse 2 : pont-levis**
- **Chiffre mystère n° 9 : 3** (châ/teau/fort = **3** et pont/le/vis = **3**)

ÉNIGME 10

Page 26

- **Réponse : La cuisinière du fond**

Page 27

6	**5**	2	3	8	**7**	9	1	4
7	1	9	4	5	2	**3**	6	8
3	4	8	1	**9**	6	**2**	5	7
8	2	**1**	9	3	5	**4**	7	6
5	9	6	2	7	**4**	8	3	1
4	7	3	**8**	6	1	5	2	**9**
1	8	**7**	**5**	2	9	**6**	4	3
2	**3**	4	6	1	**8**	7	**9**	5
9	6	5	7	4	3	1	8	2

- **Code : 7383**
- **Chiffre mystère n° 10 : 7** (**7**383)

Découvre le secret
Page 28

Chiffre mystère de l'énigme...				
6	*7*	*8*	*9*	*10*
5	6	1	3	7

Énigme 6	T	R	P	A	(L)	I	C	S	Q
Énigme 7	M	E	Y	D	V	(E)	N	M	E
Énigme 8	(G)	S	V	Q	P	J	L	B	E
Énigme 9	E	U	(A)	P	L	U	N	C	E
Énigme 10	X	H	S	K	A	D	(R)	B	R

▶ **Lettres du secret : Escape Game 2 :** LEGAR

ÉNIGME 11

Page 30

Lire la phrase de droite à gauche.

▶ **Phrase déchiffrée : Tu les trouveras aussi à l'aide de mes pages…**

Page 31

$$\begin{array}{r} 847365 \\ -\ 151583 \\ \hline \mathbf{695782} \end{array} \qquad \begin{array}{r|l} 252 & 6 \\ \hline & \mathbf{42} \end{array} \qquad \begin{array}{r} 5752 \\ \times\ \ \ 6 \\ \hline \mathbf{34512} \end{array}$$

▶ **Message : Trouve le globe !**

▶ **Chiffre mystère n° 11 : 4** (quotient = résultat d'une division = **4**2)

ÉNIGME 12

Page 32

B = 2 × 1 ; O = 3 × 5 ; N = 3 × 4
= 2 = 15 = 12

Il faut prendre le globe qui porte le numéro : **21512**.

Page 33

				②	**L**	E					
			⑦	D	**E**						
	④	T	I	R	**O**	I	R				
		③	M	I	**N**	U	S	C	U	L	E
⑥	B	U	R	E	**A**	U					
	①	O	U	V	**R**	I	R				
				⑤	**D**	U					

▶ **Indice de Gustave : Ouvrir le minuscule tiroir du bureau de Léonard.**

▶ **Chiffre mystère n° 12 : 6**

ÉNIGME 13

Page 34

VI	**I**	VIII
VII	V	**III**
II	**IX**	IV

Page 35

▶ **Conseil de Gustave : Sous le tiroir.**

▶ **Chiffre mystère n° 13 : 9** (6 + 3 = **9**)

ÉNIGME 14

Page 36

Il suffit de verser le contenu du verre n° 2 dans le verre n° 5.

▶ **Verre n° : 2**

Page 37

▶ **Message : Porte du temps derrière la bibliothèque.**

▶ **Chiffre mystère n° 14 : 3** (6 (mots) : 2 = **3**)

ÉNIGME 15

Page 38

C				E
	L	I		
				V
R		E		
O	U			V
R	E			
			U	N
P	A			
S	S		A	G
E			S	
				E
C			R	
		E		T
	→			

Page 39

Inscription = Pyramide multiplicative
Il faut multiplier deux cases voisines pour trouver le nombre de la case du dessus.

Code **1944**			
36	54		
6	6	**9**	
3	2	**3**	3

- **Code d'ouverture : 1944**
- **Chiffre mystère n° 5 : 1** (1944)

Découvre le secret
Page 40

Chiffre mystère de l'énigme...				
11	12	13	14	15
4	6	9	3	1

Énigme 11	U	C	V	(N)	Z	H	O	A	X
Énigme 12	X	G	C	N	A	(G)	T	Q	I
Énigme 13	B	L	W	U	T	Z	T	K	(R)
Énigme 14	R	T	(A)	I	O	G	J	U	I
Énigme 15	(N)	D	T	O	V	L	K	Y	R

- **Lettres du secret : Escape Game 3 :** NGRAN

ÉNIGME 16

Page 42

▶ **Réponse : BATEAU**

Page 43

▶ **Code** : **319**

▶ **Chiffre mystère n° 16 : 1** (3**1**9)

ÉNIGME 17

Page 44

Texte à l'endroit :
Je ne pourrais pas te rejoindre en ce lieu :
À deux ce serait trop dangereux...
Fais-toi discret et cache-toi bien :
Voilà mon conseil pour trouver ton chemin.

Page 45

▶ **Message caché : Le prochain passage est dans la cabine du capitaine.**

▶ **Chiffre mystère n° 17 : 3** (9 : 3 = **3**)

ÉNIGME 18

Page 46

▶ **Réponse :** $\underbrace{\textbf{La clé}}_{\text{COD}}\ \underbrace{\textbf{est cachée}}_{\text{verbe}}\ \underbrace{\textbf{sous les tonneaux.}}_{\text{CC de lieu}}$

Page 47

▶ **Chiffre mystère n° 18 : 2** (10 ÷ 5 = **2**)

ÉNIGME 19

Page 48

▶ **N° de la clé : 153**

Page 49

▶ **Mot de passe : moussaillon** (mou – sa – i – on)

▶ **Chiffre mystère n° 19 : 4** (2 pirates barbus × 2 = **4**)

ÉNIGME 20

Page 50

▶ **Réponse : la lettre N** (<u>n</u>uit / mati<u>n</u> / a<u>nn</u>ée / autom<u>n</u>e)

Page 51

▶ **Code de la porte : 6310**

(Il fallait classer les chiffres dans l'ordre alphabétique : **c**inq, **d**eux, **h**uit, **n**euf, **q**uatre, **s**<u>e</u>pt, **s**<u>i</u>x, **t**rois, **u**n, **z**éro.)

▶ **Chiffre mystère n° 20 : 6** (**6**310)

Découvre le secret
Page 52

Chiffre mystère de l'énigme...

16	17	18	19	20
1	3	2	4	6

Énigme 16	(C)	C	V	E	Z	H	O	A	X
Énigme 17	X	E	(O)	N	A	F	T	Q	I
Énigme 18	B	(N)	W	U	T	Z	T	K	P
Énigme 19	R	T	P	(E)	O	G	J	U	I
Énigme 20	Q	D	T	O	V	(T)	K	Y	R

▶ **Lettres du secret : Escape Game 4 :** CONET

ÉNIGME 21

Page 54

Place un miroir pour lire le reflet.

▶ **Lieu où tu te trouves : Rue de la Paix à Paris.**

Page 55

??? = une

▶ **Réponse :** Enveloppe n° **1**

▶ **Chiffre mystère n° 21 : 1** (une = **1**)

ÉNIGME 22

Page 56

Il faut croiser le chiffre et la couleur dans la grille.

▶ **Message décodé : Fontaine du Trocadéro**

Page 57

▶ **Message caché : Rdv sous la dame de fer.**

▶ **Chiffre mystère n° 22 : 3** (fer = **3** lettres)

ÉNIGME 23

Page 58

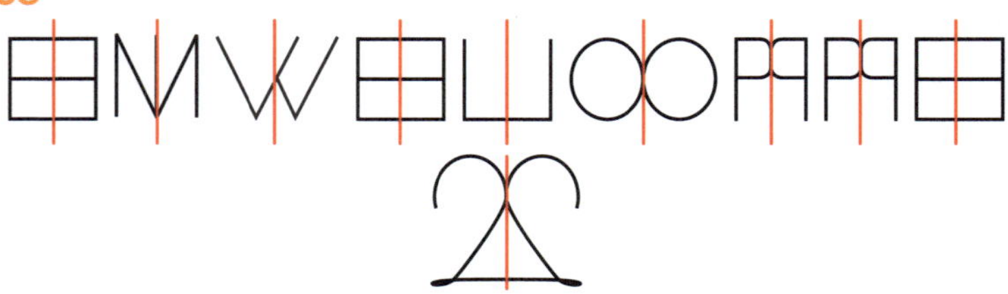

▶ **Inscription : ENVELOPPE 2**

Page 59

La solution est en haut de la porte : 16 = A → P = A, etc.

▶ **Message déchiffré : Trouve la rue où se situe cette porte.**

▶ **Chiffre mystère n° 23 : 6** (trouve = **6** lettres)

ÉNIGME 24

Page 60

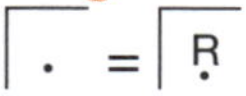 = R, etc.

▶ **Inscription décryptée : Rue de Vannes**

Page 61

10	55	65	34	110
78	25	16	4	22
8	49	14	6	56
54	0	64	1	15
18	52	88	36	94
72	81	100	9	43
2	32	48	12	20

On grise les cases qui sont les résultats des multiplications suivantes :

$0 \times 0 = 0$
$1 \times 1 = 1$
$2 \times 2 = 4$
$3 \times 3 = 9$
$4 \times 4 = 16$
$5 \times 5 = 25$
$6 \times 6 = 36$
$7 \times 7 = 49$
$8 \times 8 = 64$
$9 \times 9 = 81$
$10 \times 10 = 100$

▶ **Réponse :** Étage n° **5**

▶ **Chiffre mystère n° 24 : 5** (étage n° **5**)

ÉNIGME 25

Page 62

3241, le 3 passe à la fin, 2413 puis le 2 → 4132, etc.

▶ **Code : 1324**

Page 63

1. Lucie va ... la piscine.

D – a
E – as
F – **à**

2. Elle mange un ... de pain.

H – peut
I – **peu**
J – peux

3. Il enfile ... bottes
L – ces
M – c'est
(N) – **ses**

4. Ce soir, ... ira au cinéma.
(I) – **on**
J – ont
K – on n'

▶ **Mot de passe : FINI**

▶ **Chiffre mystère n° 25 : 9** (I = **9**e lettre de l'alphabet)

Découvre le secret
Page 64

Chiffre mystère de l'énigme...				
21	22	23	24	25
1	3	6	5	9

Énigme 21	(D)	C	V	E	Z	H	O	A	X
Énigme 22	X	E	(P)	N	A	F	T	Q	I
Énigme 23	B	L	W	U	T	(E)	T	K	P
Énigme 24	R	T	P	I	(R)	G	J	U	I
Énigme 25	Q	D	T	O	V	L	K	Y	(E)

▶ **Lettres du secret : Escape Game 5 :** DPERE

ESCAPE GAME FINAL
Page 66

▶ *Escape Game 1* **AITTO** *Escape Game 2* **LEGAR** *Escape Game 3* **NGRAN** *Escape Game 4* **CONET** *Escape Game 5* **DPERE**

2	4	1	3	5
(LE GAR)	(CONET)	(AITTO)	(NGRAN)	(DPERE)

▶ **Le secret est : Le garçon était ton grand-père.**

Achevé d´imprimer en Espagne par Grafo - Dépôt légal: Avril 2020 - Édition 01 - 18/8410/1